Heinz Szarka

5 vor 12

Heinz Szarka

5 vor 12 - Deutschlands Weg in die Katastrophe

Der schleichende Verfall unserer demokratischen Gesellschaftsstruktur

- oder -

Wie die Würde der Menschen mit Füßen getreten wird

DeBehr

ISBN: 978-3941758377
Herausgeber: Verlag DeBehr, Radeberg
Erstauflage 2010

Inhalt

Vorwort

„Die Würde des Menschen ist unantastbar!“

Artikel 1, Grundgesetz der Bundesrepublik Deutschland

Liebe Leserin, lieber Leser!

Unsere Gesellschaft steht zur Zeit einer sehr schweren Herausforderung gegenüber. Arbeitslosigkeit, Armut und eine ungewisse Zukunft sind schon heute bei großen Bevölkerungsteilen Alltag. Auch all jene, die bis jetzt von solchen Dingen verschont geblieben sind, werden zumindest zu einem Großteil davon betroffen sein. Es ist nur eine Frage der Zeit. Die Hauptverantwortung für diesen Missstand tragen Führungskräfte, die durch ihre Tätigkeit in Politik, Wirtschaft oder im öffentlichen Dienst unser Leben entscheidend beeinflussen. Machen sie einen guten Job, so wirkt sich dies positiv auf alle Gesellschaftsschichten aus. Wenn der Job schlecht gemacht wird, passiert genau das, was heute vielen Menschen in unserem Land widerfährt: der soziale Abstieg und der damit verbundene Verlust der Würde und mittlerweile auch einiger Bürgerrechte.

Es muss jedem klar sein, dass die momentane Wirtschaftskrise nicht vom Himmel gefallen ist. Sie wurde von den Menschen verursacht, die sich als unsere Führungsschicht verstehen. Diese sorgt auch still und leise dafür, dass unsere Gesellschaft immer mehr in die Situation abdriftet, in der Wohlstand auf immer weniger Menschen verteilt und die große Masse unserer Mitbürger ins soziale Abseits gedrängt wird. Für viele noch unbemerkt, werden den Menschen in unserer Gesellschaft immer weniger Rechte zugesprochen und die Würde sehr vieler bleibt auf der Strecke. Wegsehen und Ignorieren verschärfen die Situation. Es wird Zeit für Veränderungen.

Heinz Szarka

Wie im Vorwort erwähnt, geht still und leise, für viele unbemerkt, ein stetiger Wandel zum Nachteil großer Bevölkerungsteile in unserem Land vor. Geht der Trend so weiter, wird die Mittelschicht bald nur noch in sehr geringem Umfang existieren. Die Folge davon wird sein, dass es nur noch zwei Schichten gibt, nämlich viele Arme und wenige Reiche. Wenn sich jeder bewusst und mit offenen Augen umschaut, so wird er erkennen, dass in seiner unmittelbaren Umgebung wie in der Nachbarschaft, dem Freundeskreis oder in der Verwandtschaft die ersten Anzeichen zu erkennen sind oder der soziale Abstieg bereits begonnen hat.

Die Missstände in unserer Gesellschaft nicht zu beachten wird zu einer sozialen Katastrophe ungeheuren Ausmaßes führen. Schon heute sind über zehn Millionen Menschen direkt von Armut betroffen. Das ist jeder achte Bundesbürger oder jede vierte Familie.

In naher Zukunft wird sich diese Zahl mehr als verdoppeln. Das bedeutet, dass in zehn bis zwanzig Jahren zwischen zwanzig und fünfundzwanzig Millionen Menschen in Armut leben werden. Die Zahl derjenigen, die knapp über der Armutsgrenze leben, wird zwischen zehn und zwanzig Millionen schwanken. Dieser Umstand wird zu schlimmen sozialen Unruhen führen, die unser Gesellschaftssystem bedrohen werden. Auch diejenigen, die finanziell bessergestellt sind, werden von der Zerstörung unseres Gesellschaftssystems nicht verschont bleiben. Die negativen Auswirkungen der sozialen Spannungen in unserem Land werden sich bei allen Schichten in unserem Gesellschaftssystem bemerkbar machen.

Kapitel 1: Die Politik

Egal ob Bundes-, Landes oder Kommunalpolitiker, sie werden gewählt, um für das Wohl des Volkes, des Landes, der Kommune oder des Landkreises zu sorgen. Sie sollen das Land führen. Sie haben einen klaren Wählerauftrag und müssen sich ihrer außerordentlichen Verantwortung für alle Menschen in unserem Land immer bewusst sein. Darauf werden sie vereidigt.

Diese Politiker müssen durch ihre Tätigkeiten Rahmenbedingungen schaffen, die es ermöglichen, den Wohlstand, die Sicherheit, die Würde, die Rechte und Gesundheit der Bürger sicherzustellen. Die Rahmenbedingungen müssen in allen Bereichen unseres Landes vorhanden sein. Sei es bei der Bundeswehr, unseren Ämtern und Behörden, bei der Justiz, im Gesundheitswesen und in vielen anderen Bereichen unserer Gesellschaft. Nur so kann eine gleiche und faire Behandlung aller Bürger gewährleistet werden. In der Praxis ist dies leider nicht immer der Fall.

Es folgen einige Beispiele, für die unsere Politiker die Verantwortung tragen.

1) Die Bundeswehr

a) Die Soldaten der Bundeswehr sind ohne ausreichende rechtliche Absicherung in Krisenländern im Einsatz. Obwohl die Politik bewusst nicht vom Kriegseinsatz spricht, so sind diese Soldaten ganz klar in Kriegshandlungen verwickelt. Durch die fehlende rechtliche Absicherung kann es einem Soldaten passieren, dass er sich wegen Mordes verantworten muss, wenn zu seiner Verteidigung ein Mensch ums Leben kommt. Für die Soldaten bedeutet ihr Einsatz immer, mit einem Fuß im Gefängnis und mit einem Fuß im Grab zu stehen. Von der teilweise veralteten Ausrüstung ganz zu schweigen.

b) Die Soldaten dürfen erst dann zu ihrem eigenen Schutz ihre Waffen einsetzen, wenn auf sie geschossen wird. Dann ist es jedoch meist zu spät, und es ist zu hinterfragen, ob nicht dieser Umstand dazu beigetragen hat, dass Soldaten getötet wurden. Die Frage, wer im Endeffekt für den Tod eines oder mehrerer Soldaten verantwortlich ist, haben unsere Politiker noch nicht einmal angesprochen.

2) Das Rentenalter

Die Rente mit 67 Jahren ist ein Hohn. Jeder Bürger mit halbwegs normalem Menschenverstand kann ermessen, dass es viele Berufe gibt, in denen Personengruppen gar nicht in der Lage sind, bis zu diesem Alter die erforderlichen Leistungen zu erbringen. Welcher Dachdecker kraxelt noch mit 66 Jahren in luftigen Höhen herum? Welcher Straßenbauer kann mit 65 noch die Schaufel schwingen? In der Praxis bedeutet dies also, dass die Menschen aufgrund ihrer verminderten Leistungsfähigkeit früher als mit 67 in Rente gehen müssen und der Staat dann nicht die volle Rente bezahlen muss. Dies ist zwar gut für den Staat. Aber die Menschen werden durch diesen Trick ganz simpel über den Tisch gezogen, und zwar von den Politikern, die nicht bis 67 arbeiten müssen und die ihre stattliche Rente sicher haben.

3) Der Niedriglohnsektor

Es gibt in großen Teilen der Bundesregierung das Bestreben, Arbeit auf dem Niedriglohnsektor auszubauen. Offiziell, um gering qualifizierten Menschen die Chance zu geben, in den Arbeitsmarkt einzusteigen.

Derzeit arbeiten in diesem Sektor ca. 6,5 Millionen Menschen. Der Großteil hat eine Berufsausbildung oder sogar studiert und ist weit davon entfernt, gering qualifiziert zu sein. Für einen Stundenlohn zwischen 2,50 Euro und 7,50 Euro arbeiten die Leute hart, können aber wegen der geringen Entlohnung ihren Lebensunterhalt nicht bestreiten. Sie sind dann oft auf Zweit- oder Drittjobs angewiesen oder erhalten zusätzlich Hartz IV. Was von unseren Politikern nicht einmal ansatzweise erwähnt wird, ist die Tatsache, dass die Menschen im Niedriglohnsektor im Alter eine so minimale Rente erhalten, dass Millionen von Altersarmut betroffen sein werden.

So wird jemand, der heute einen Bruttoverdienst von 1000 Euro hat, 400 Euro als Rente erhalten. Auf diesen Zahlen basierend, und von einem Bruttoverdienst zwischen 700 und 1600 Euro ausgehend, werden die zu erwarteten Rentenansprüche an oder unterhalb der Armutsgrenze liegen. Von den vielen 400-Euro-Jobs gar nicht zu reden, da bei diesen gar kein Rentenanspruch besteht. Wo stimmt dann noch der Slogan von der Altersruhe? Sollen 75-Jährige Zeitungen austragen oder andere Nebenjobs annehmen müssen, um auch nur annähernd menschenwürdig leben zu können?

Wenn die Politik nichts ändert, werden zwischen 10 und 15 Millionen Menschen von Altersarmut betroffen sein. Eine private Altersvorsorge, die so gern von unseren Politikern angesprochen wird, ist für die Betroffenen definitiv nicht möglich. Gibt es hier keine einschneidenden Verbesserungen, so steuert unser Land auf eine soziale Katastrophe nicht gekannten Ausmaßes zu. Dieser Umstand wird augenscheinlich bewusst verschwiegen. Auch von den Medien wird dieses Thema so gut wie nie erwähnt. Dabei ist eigentlich nur ein wenig gesunder Menschenverstand nötig, um zu erkennen, auf welche Katastrophe unsere Gesellschaft zusteuert.

4) Die Ökosteuer

Unsere Energie, der Strom, der Kraftstoff, das Benzin oder der Diesel, werden zu einem gewissen Anteil auch mit der sogenannten ÖKO-Steuer belastet. So beträgt die Steuerlast pro Liter Kraftstoff bis zu 60 Prozent. Es ist zwar kaum zu glauben, aber bei dieser Steuerlast zahlt der Verbraucher Steuer auf die Steuer. Das heißt in der Praxis, dass auf einen Liter Kraftstoff Mineralölsteuer, Ökosteuer und Erdölbevorratungsbeitrag zugerechnet werden. Auf diesen Preis wird dann nochmals die Mehrwertsteuer addiert. Die geschürte Angst vor der Erderwärmung könnte nun die Massen dazu bewegen, anzunehmen, dass die ÖKO-Steuer unser Klima schont. Die sogenannte Ökosteuer landet jedoch zum Großteil ganz unökologisch im Rentensäckel. 18 Milliarden Euro beträgt der erhöhte Bundeszuschuss durch die Ökosteuer für die Rentenkassen. Was für eine Scheinheiligkeit. Da ist nicht viel ÖKO dran an der ÖKO-Steuer.

Wir zahlen, je nach Energieart, zwischen 10 Prozent (Strom) und 60 Prozent (Benzin) Ökosteuer. Würde diese Steuer wieder abgeschafft, hätten die Verbraucher wieder mehr Geld zur Verfügung. Fahren Sie viel mit dem Auto? Weil Sie müssen? Was hätten Sie monatlich mehr im Geldbeutel, wäre diese Steuer nur noch Geschichte? Vielleicht 130 Euro? Würden Sie die gern anderweitig ausgeben? 130 Euro im Monat wären ein Urlaub, neue Möbel - was Sie wollen. Würden Sie die Wirtschaft ankurbeln, durch Ihren anderweitigen Verbrauch der gesparten Ökosteuer?

5) Die Steuer an sich

Die für unser Land bitter notwendige Steuervereinfachung und Steuerreform ist trotz aller Lippenbekenntnisse unserer Politiker nicht einmal ansatzweise richtig angepackt worden. Mittlerweile ist unser Steuersystem so kompliziert, dass selbst Steuerexperten bereits verzweifeln. Und jährlich gibt es Änderungen, selten zum Vorteil der kleinen Leute. Wenn ein kleiner Firmeninhaber seine Steuererklärung ohne einen Fachmann erledigt, steht er quasi mit einem Bein mindestens in der Grauzone. Wenn man nun weiß, dass ein Steuerberater, der eine kleine Firma berät und deren Steuererklärungen übernimmt, nicht für unter 2000 Euro im Jahr arbeitet, die Wirtschaft jedoch derzeit stark hinkt und sich viele Kleinunternehmer mehr schlecht als recht über Wasser halten, dann kann diese Summe für einige das Aus bedeuten. Es besteht quasi ein Zwang, sich steuerrechtlich beraten zu lassen, sonst ist man schnell ein Steuerhinterzieher. Seit dem Jahr 2008 kann ein Unternehmer die GWGs, die sogenannten geringwertigen Wirtschaftsgüter, nicht mehr in einem Jahr geltend machen, wenn deren Anschaffungskosten über 150 Euro liegen. Der Unternehmer muss jetzt Wirtschaftsgüter über 150 Euro über mehrere Jahre abschreiben. Ein kleines Beispiel: Ein Friseursalon benötigt eine neue Föhnhaube, Preis dafür 390 Euro. Bis 2008 wäre diese Haube im Jahr der Anschaffung noch voll absetzbar gewesen, nun muss diese Föhnhaube über mehrere Jahre in Teilen abgerechnet werden. Die Saloninhaberin musste für die Weiterführung ihres Geschäftes diese Haube kaufen, darf aber die Ausgabe von 390 Euro nicht voll gegen ihre Einnahmen rechnen. Sie hat also 390 Euro weniger in der Tasche, doch nach den neuen Bestimmungen bleibt ihr ein Gewinn von 240 Euro, den sie nicht als Ausgabe gegenrechnen darf. Das Geld ist weg, sie muss jedoch die übrigen 240 Euro als Gewinn in diesem Jahr versteuern. Dass die Föhnhaube vielleicht nur 2 Jahre hält und dann eine neue angeschafft werden muss, wieder nur in Abschreibung, interessiert das Finanzamt bzw. den Staat nicht. Es ist für viele kleine Firmen schon schlimm genug, dass die Mehrwertsteuer auf 19 Prozent erhöht wurde und die Verbraucher weniger konsumieren. Fragen Sie Ihre Friseurin doch einmal, wie das Geschäft läuft. Dann wird sie sagen: „Jaja, die Leute kommen noch, aber eben seltener." Nun muss sie auch noch mehr Steuern zahlen, für bereits ausgegebenes Geld.

Keiner, der sich nicht sehr intensiv mit dem Steuerrecht beschäftigt, durchschaut den Dschungel der Paragraphen. Die Steuern und Abgaben in unserem Land haben solch große Dimensionen erreicht, dass jeder Berufstätige, statistisch gesehen, über ein halbes Jahr nur für diese arbeiten muss. Ist das normal?

6) Die Sozialabgaben und unser Lohn

Eine beachtenswerte Frage ist, was vom Lohn übrig bleibt. Es sind nicht immer nur die Arbeitnehmer, welche stöhnen, wenn das Konto nach der Gehaltszahlung immer noch recht leer wirkt. Auch die Arbeitgeber ächzen unter dem Druck der Sozialabgaben. Wenn ein Arbeitnehmer der Steuerklasse 4 durch seine Arbeit 2000 Euro brutto verdient, bekommt er kinderlos knapp 1350 Euro heraus. Das interessiert ja vorrangig. WAS bleibt vom Lohn? Es gehen also 650 Euro vom Arbeitnehmer an den Staat und die Sozialkassen. Der Arbeitgeber führt seinen Beitrag auch an die Sozialkassen ab, etwas über 400 Euro. Das bedeutet: Wenn ein Arbeitnehmer 1350 Euro Nettolohn erhält, gehen über 1000 Euro (!!!) an die Staats-, Haushalts- und Sozialkassen. Wir wissen nun, dass die Ökosteuer in die Rentenkassen fließt, was einer zusätzlichen Sozialabgabe gleichkommt.

Außerdem zahlen wir auf die meisten Produkte und Dienstleistungen 19 Prozent Mehrwertsteuer.

7) Bürokratie

Der vollmundig versprochene Bürokratieabbau ist nicht einmal ansatzweise in Gang gekommen. Im Gegenteil, Wirtschaft und Bürger werden von immer mehr Bürokratie und Gesetzestexten buchstäblich erschlagen. Dass dadurch unsere Wirtschaft zu einem erheblichen Teil darunter leidet und die mögliche Schaffung neuer Arbeitsplätze stark behindert wird, ist die natürliche Folge der leeren Versprechungen der verantwortlichen Politiker.

8) Die Gesundheitsreform

a) Die Gesundheitsreform, die eigentlich keine ist, hat unserem Land eine Zweiklassengesellschaft in der Gesundheitsvorsorge beschert. So bekommen Menschen, die nicht über geeignete finanzielle Mittel verfügen, sehr oft die benötigten Medikamente oder entsprechende Behandlungen verweigert. Eine Ärztin berichtete auf die Frage, wieso sie denn ab Oktober für das laufende Jahr nur noch Privatpatienten betreut: Sie würde, dank der Gesundheitsreform, für Kassenpatienten in knapp drei Monaten im Jahr einen derart niedrigen Betrag erhalten, dass sie dabei in die roten Zahlen geriete. Es war für die Ärztin ein finanzieller Unfug, Kassenpatienten zu behandeln.

Sind Sie Privatpatient? Dann wissen Sie ja, dass Sie ganz sicher sofort einen Termin bei einem Arzt erhalten, auf den der Kassenpatient Monate warten muss. Nicht die Privatpatienten sind schuld, das System hinkt. Würden Sie für lau arbeiten wollen? Ich nicht und die Ärzte auch nicht. Es trifft in erster Linie viele alte Menschen mit niedriger Rente, Menschen, die aufgrund von Arbeitslosigkeit ins soziale Abseits geraten sind oder Menschen, die im Billiglohnsektor arbeiten. Um die Kosten im Gesundheitswesen zu senken, müssten unter anderem die Kosten für Medikamente gesenkt werden. Doch hier kuschen die Politiker vor den Lobbyisten der Wirtschaft.

Nun stellt sich auch die Frage: WIESO zahlen wir eine „Eintrittsgebühr" beim Arzt? Sind wir im Museum?

b) Eine schwangere Hartz IV-Bezieherin kann keinen Arzt aufsuchen, da sie die zehn Euro Praxisgebühr nicht zahlen kann.

c) Ein älterer Herr muss aus Gesundheitsgründen den Großteil seiner Zähne gezogen bekommen. Da er sehr große Angst davor hat, bittet er den Arzt, ihm eine Vollnarkose zu geben. Der Arzt verweigert ihm diese Bitte, da die Krankenkasse nur eine örtliche Betäubung bei solch einer Behandlung vorsieht.

d) Eine Frau mittleren Alters hat sehr starke Schmerzen in verschiedenen Gelenkbereichen. Der Arzt behandelt nur einen Schmerzbereich, die Behandlung eines anderen Bereichs wird auf ein anderes Quartal verschoben.

e) Eine Privatpatientin wird mit dem Hinweis aus der Untersuchung entlassen, dass diese bei ihr auf einen leichten Verdacht hin gemacht worden ist. Für Kassenpatienten stünde diese Leistung derzeit bei ihrer Diagnose aber kaum zur Verfügung. Privatpatienten werden teilweise medizinisch überversorgt, Kassenpatienten laufen diesbezüglich keine Gefahr.

9) Der 1-Euro-Job

Arbeitslose Menschen müssen teilweise 1-Euro-Jobs annehmen. Die Grundüberlegung für 1-Euro-Jobs ist zwar nicht verkehrt. Jedoch wird vielen Menschen die letzte Würde genommen, wenn sie auf Befehl des zuständigen Amtes zu Arbeiten herangezogen werden, die weit unter ihrem Bildungs- bzw. Ausbildungsniveau liegen. Gegen freiwillige Ableistung des 1-Euro-Jobs wäre sicher nichts einzuwenden, aber ein Zwang ist mehr als entwürdigend. Hier wird massiv gegen Artikel 1 unseres Grundgesetzes verstoßen. Die Frage ist auch: Machen 1-Euro-Jobs nicht noch mehr Arbeitsplätze kaputt? Zerstören sie nicht real existierende Jobs? Wieso werden statt der 1-Euro-Jobs die Arbeitsplätze nicht EHRLICH geschaffen. Die Arbeit, die geleistet wird, ist ja da. Und wenn keine Löhne gezahlt werden, fehlt es an den Einnahmen der Sozialkassen. Dieses Fehlen wiederum reißt ein noch größeres Loch in die Rentenkassen, die Kassen der Arbeitslosenversicherung etc. WIESO werden die 1-Euro-Jobber nicht richtig eingestellt? Wer profitiert davon, dass Menschen für einen Dumpinglohn, der in Dritte-Welt-Gefilden üblich ist, anständige Arbeit leisten sollen? Kein 1-Euro-Job mehr, kein Gefühl mehr, die eigene Arbeit sei nur diesen Euro pro Stunde wert. Anständige Entlohnung für anständige Arbeit! Wenn unmotivierte 1-Euro-Jobber in Altenheimen und Kindergärten malochen sollen, wie steht es dann um unseren Sozialstaat?

10) Die Kinderarmut und das Kind an sich

a) Kinderarmut nimmt immer größere Dimensionen an. Zur Zeit leben ca. fünf Millionen Kinder an oder unterhalb der Armutsgrenze und es ist kein Ende dieser sozialen Abwärtsspirale in Sicht.

Obwohl unsere Politiker immer wieder betonen, alles dafür zu tun, damit Kinder bessere Zukunftschancen bekommen, vergrößert sich die Kinderarmut von Jahr zu Jahr. Viele dieser Kinder und Jugendlichen haben keinerlei Zukunftsperspektiven. Hier sind große soziale Konflikte vorhersehbar, aber die Verantwortlichen gehen das Problem, wenn überhaupt, nur halbherzig an.

Kindergärtnerinnen sind oft mit über 20 Kindern in einer Gruppe auf sich allein gestellt. Wie soll ein Mensch ohne Hilfe 20 kleine Kinder vernünftig betreuen? Mit aller Liebe und Aufmerksamkeit? Versuchen Sie doch einmal, eine Gruppe von 20 Kindern im Alter von drei Jahren zum Spaziergang anzuziehen. Wenn Sie zehn Kinder angezogen haben, die brav auf ihrer Bank sitzen und warten, dass es gleich an die frische Luft geht, rennen fünf weitere Kinder durch den Raum und die letzten fünf haben sich wahrscheinlich schon wieder ausgezogen.

Warum stehen Lehrer vor Klassen mit über 24 Kindern? Wieso ist unser Schulsystem so überladen mit übervollen Klassenzimmern und entnervten Eltern? Wie soll ein Lehrer 25 Kindern lehren und auf jedes Kind einzeln eingehen? DAS GEHT NICHT! Oder doch? Mein Bauchgefühl und der Verstand sagen NEIN.

Das Elterngeld wurde zwar eingeführt, doch warum gibt es nach diesem einen Jahr keine nachfolgende Unterstützung finanzieller Art mehr? Sollen Kinder mit einem Jahr in Einrichtungen abgeschoben werden müssen, weil deren Mütter finanziell nicht mehr über die Runden kommen? Wem nützt das Elterngeld letztendlich? Nicht den Geringverdienern. Auch hier ein Fauxpas sondergleichen, und in Gold verpackt.

Heute ist es für viele Kinder völlig normal, an einer Suppenküche anzustehen oder mit den Eltern zur „Tafel“ zu gehen. Wohin sind wir gekommen? Was leben wir unseren Kindern vor?

b) Viele sinnvolle und praktikable Entscheidungen der Politik, egal ob auf Bundes-, Landes- oder Kommunalebene, werden durch Kompromisslösungen immer wieder stark verwässert. Am Ende bleiben von dem ursprünglichen Entwurf nur noch Fragmente übrig. Die Entscheider lassen sich viel zu oft von der Wirtschaft, in Form von Lobbyisten, beeinflussen, aber auch von parteiinternen Strömungen. Dies führt dazu, dass Entscheidungen häufiger zuungunsten der Bürger als zu deren Gunsten getroffen werden. Steuergelder werden zumindest zu einem großen Teil bedenkenlos für Dinge ausgegeben, die in keiner Weise dazu beitragen, unserer Volkswirtschaft und damit unserer Bevölkerung zu helfen.

11) Hartz IV

Es ist erst ein paar Jahre her, da wurde von der Politik gefordert, die Menschen sollten sich mehr für ihr Alter zurücklegen, sie sollten sparen, sparen, sparen …

War dieser Aufruf wissentlich gemacht, da Hartz IV bereits „angekocht“ wurde? Die Anrechnung des Privatvermögens kommt einer Enteignung gleich. Jahre harter Arbeit und des Sparens liegen hinter ihnen, und jetzt sollen die Menschen die gebildeten Altersrücklagen verbrauchen, bevor sie aus den eingezahlten Sozialbeiträgen eine Hilfestellung zum Lebensunterhalt erhalten.

12) Justiz

a) Es ist eine unumstößliche Tatsache, dass in unserem Rechtssystem Menschen, die über gewisse finanzielle Mittel verfügen, vor Gericht bessere Chancen haben. Es hat sich schon viel zu oft erwiesen, dass bei vergleichbaren Vergehen für jemanden mit geringen finanziellen Mitteln das Strafmaß höher ausfällt, als bei dem, der über größere finanzielle Mittel verfügt. Der Unterschied liegt im Rechtsbeistand, den sich der Angeklagte leisten kann. Das bedeutet: Wer Geld hat, leistet sich einen entsprechenden Anwalt, und wer keines hat, bekommt, wenn er Pech hat, nicht einmal einen gesetzlichen Rechtsbeistand. Wollen Sie ohne Anwalt die Gegenpartei, vertreten durch einen Anwalt, beeindrucken? Versuchen Sie es doch einmal.

Der Spruch: „Wer Geld hat, bekommt recht“, bewahrheitet sich leider viel zu oft. Auch hier kann ganz offen von einer Zweiklassengesellschaft gesprochen werden.

b) Ein Hartz IV-Empfänger wird von einem Autofahrer geschnitten. Nach einer verbalen Auseinandersetzung zeigt ihn der Autofahrer wegen Beleidigung an. Der Fall geht vor Gericht. Die Bitte um Rechtsbeistand wird dem Hartz IV-Empfänger aufgrund der Geringfügigkeit verweigert. Der Kläger hat einen Anwalt. Der Hartz IV-Empfänger verliert den Prozess und wird zu 500 Euro Geldstrafe verurteilt. Ohne Anwalt hat er keine Chance, und dass er die Geldstrafe aufgrund seines sehr geringen Einkommens nicht zahlen kann, interessierte den Richter herzlich wenig.

c) Immer wieder kommt es zu großen Prozessen, in denen Größen aus der Wirtschaft wegen Bestechung, Untreue oder Betrug angeklagt sind. Diese Personen werden in der Regel auch verurteilt, jedoch ist die verhängte Strafe zum Teil mehr als lächerlich. Wie schon erwähnt: Ein „Normalbürger" wird in der Regel zu einer höheren Strafe verurteilt.

d) Ein junger Mann ist Zeitsoldat bei der Bundeswehr. Er bekommt während der Grundausbildung sehr starke Schmerzen im Schulterbereich. Er wird bei der Bundeswehr zwar behandelt, aber eine Behandlung, die zu einer Genesung der Schulter führen würde, wird ihm verwehrt. Trotz des Einschaltens eines Anwalts verweigert die Bundeswehr die nötige Behandlung und er muss mit den zeitweise fast unerträglichen Schmerzen leben. Der junge Mann wird nach 2,5 Jahren ausgemustert. Er klagt gegen die Bundeswehr, da diese ihrer Sorgfaltspflicht nicht nachgekommen sein soll.

Vom Sozialgericht wird der junge Mann zu einem Gutachter bestellt. Dieser Gutachter meint, dass die Bundeswehr ihn richtig behandelt hat und keine weiteren Behandlungen nötig seien. Zum Abschluss der Untersuchung teilte der Gutachter dem jungen Mann mündlich mit, dass die

Schmerzen von selbst im Zeitraum von drei bis vier Jahren verschwinden würden.

Bei dem jungen Mann wird kurz nach dem Erstellen des Gutachtens eine Schulterarthroskopie durchgeführt und eine beginnende Arthrose des Schultereckgelenks festgestellt. Die Arthrose wird sofort entsprechend behandelt und der Schleimbeutel entfernt. Nach der Operation ist der junge Mann beschwerdefrei. Mit diesem Ergebnis wird das zuständige Gericht konfrontiert. Das Gericht bezieht sich auf die Aussage des Gutachters und lehnt die Klage ab. Eine Verhandlung wird als nicht notwendig erachtet. Obwohl der gesunde Menschenverstand hier ganz klar erkennt, dass der Gutachter entweder nicht neutral oder anscheinend nicht qualifiziert war, hat der junge Mann keine Chance, sein ihm zustehendes Recht zu bekommen.

Kapitel 2: Die Wirtschaft

Die Führungskräfte in unseren Wirtschaftsunternehmen geben sich selbst gewisse Verhaltensregeln vor, die in Form von Unternehmensleitbildern veröffentlicht werden und für alle Mitarbeiter, einschließlich der Führungskräfte, bindend sein sollen. Da wird von vertrauensvoller Zusammenarbeit gesprochen, Ehrlichkeit und Gerechtigkeit werden versprochen, ja, das Unternehmen wird so dargestellt, als könne jeder mit jedem ohne Weiteres reden und auch jeder seine Meinung äußern. Kurz gesagt, alle sind eine große Familie und alle ziehen für das Wohl des Unternehmens und dadurch auch für das Wohl der Mitarbeiter an einem Strang. So viel zur Theorie.

In der Praxis sind die Leitbilder sehr oft nicht einmal das Papier wert, auf dem sie gedruckt sind. Die, die mit gutem Beispiel vorangehen sollten, sind diejenigen, die sich keinen Deut um das geschriebene Wort kümmern. In vielen Unternehmen benehmen sich Führungskräfte und meist die, die höhere Führungspositionen innehaben, wie Feudalherren, die ein Volk von Leibeigenen unter sich knechten. Entsprechend behandeln sie ihre Mitarbeiter. In erster Linie interessieren diese Herren die betriebswirtschaftlichen Zahlen, was zwar richtig ist. Aber die Konsequenzen, die diese Herren aus den Zahlen ziehen, die nicht so recht in ihre Planungen passen, sind zu einem großen Teil mehr als verheerend für die Mitarbeiter und für große Teile unserer Volkswirtschaft.

Vielen dieser Herren muss man leider attestieren, dass sie nicht besonders viel Fachwissen besitzen. Eine soziale Kompetenz ist meist kaum oder gar nicht vorhanden, manche sind wenig intelligent und andere ausgesprochen gierig. Diese Herren wären zu einem sehr großen Teil nicht in der Lage, aus eigener Kraft eine entsprechend gute Arbeit zu leisten. Und vielen kommt es gar nicht in den Sinn, dass ihre Mitarbeiter der Garant für den Erfolg sind, den sie für sich beanspruchen und für den sie entsprechendes Geld kassieren.

Diese Herren werden so erfolgsarrogant, dass sie irgendwann nicht mehr in der Lage sind, die Realität zu erkennen. Hinzu kommt meist, dass sie häufig beratungsresistent werden. In ihrer grenzenlosen Selbstüberschätzung gehen sie oft Projekte an, die jeder vernünftigen Handlungsweise widersprechen. Aber da sie in der Regel nicht zu stoppen sind, werden Millionen und Milliarden Euro in den Sand gesetzt. Irgendwann ist natürlich auch für sie ein Ende erreicht und sie werden gestoppt. Häufig werden sie zum Dank für die Misswirtschaft mit einer dicken Abfindung entlassen.

Der durch solche Manager angerichtete Schaden kann ganze Unternehmen, von Konzernen bis zu mittelständischen oder kleineren Betrieben, in den Ruin treiben. Was auf der Strecke bleibt, sind die Arbeitnehmer.

In unserer heutigen Zeit haben nur wenige Führungskräfte die fachliche und soziale Qualifikation, ihr Unternehmen erfolgsorientiert und zusammen mit den Mitarbeitern so zu führen, dass es erfolgreich und zukunftssicher am Markt bestehen kann.

Vielen Führungskräften ist nicht klar, welche Verantwortung sie für ihre Mitarbeiter und damit für unsere Gesellschaft tragen.

Wenn die Zahlen nicht dem Plan entsprechen, wird in erster Linie an Arbeitsplätzen gespart. Aus einer gewissen Anonymität heraus werden diese Entlassungen meist mit bedauernder Miene verkündet. Und dann ist für die Manager das Thema erledigt, den Rest machen ja andere. Man kann hier ganz bewusst von Skrupellosigkeit sprechen, denn hätten diese Herren mehr Moral, so wäre ihre Handlungsweise eine andere.

Einem Unternehmen geht es gut, wenn gute Führungskräfte, die über Fachkompetenz, soziale Kompetenz, Realitätssinn, strategische Denkfähigkeit und Mut verfügen, das Sagen haben. Führungskräfte, die nicht über die erforderlichen Eigenschaften verfügen, werden dem Unternehmen langfristig enormen wirtschaftlichen Schaden zufügen.

Ein Unternehmen wird unweigerlich seine Substanz und seine Identität verlieren, wenn sich durch schlechte Chefs, die Mitarbeiter nicht mehr mit dem Unternehmen verbunden fühlen.

Der Fisch fängt immer am Kopf zu stinken an. Dies ist vor allem für unsere Wirtschaftsunternehmen gültig.

Es folgen einige Beispiele, die schlechte Führungskräfte der Wirtschaftsunternehmen zu verantworten haben.

1) Eine deutsche Drogeriemarktkette

Um Personalkosten zu sparen, werden Filialen geschlossen und Mitarbeiter entlassen. Neue Filialen werden eröffnet und neue Mitarbeiter zu einem erheblich geringeren Gehalt eingestellt.

2) Ein deutscher Autokonzern

Durch nachweislich schlechte Führungskräfte werden pro Jahr Millionen Mehrumsätze verhindert. Trotz ausführlicher Kenntnis dieser Tatsache, unternimmt die Konzernführung nichts, um diesen Umstand zu beenden. Wegen des durch die Finanzkrise verursachten Umsatzeinbruchs ordnet die Konzernspitze jedoch drastische Sparmaßnahmen an.

3) Ein deutscher Autokonzern

Der zu erwartete Gewinn wird von ca. vier Milliarden auf 1,5 Milliarden zurückgestuft. Es werden Stellenabbau, Lohnverzicht und andere Maßnahmen angekündigt. Die Dummen sind die Arbeitnehmer. Wie gesagt, der Konzern hatte keine Verluste, sondern immer noch einen beträchtlichen Gewinn.

4) Ein deutscher Energiekonzern

Der erwartete Gewinn beträgt ca. vier Milliarden Euro. Um das Unternehmen zukunftssicherer zu machen, plant die Konzernleitung in absehbarer Zeit eine Reduzierung der Belegschaft um 3000 bis 5000 Mitarbeiter.

5) Eine deutsche Handelskette

Den Mitarbeitern wird mitgeteilt, dass sie pro Woche jeweils zwei Stunden länger arbeiten müssen, ohne Lohnausgleich. Mitarbeitern, die nachfragen, weshalb dies so sei, wird erklärt, dass sie gern kündigen können, wenn es ihnen nicht gefällt.

6) Ein deutsches Möbelhaus

Mitarbeiter werden zu ihren Vorgesetzen bestellt. Ihnen wird mitgeteilt, dass ihre Arbeitskraft nicht mehr benötigt wird und sie eine Abfindung in einer bestimmten Höhe erhalten könnten, wenn sie einen Ausscheidungsvertrag unterschreiben. Sollten sie nicht unterschreiben, so werden sie trotzdem entlassen, erhalten aber keine Abfindung mehr. Die Abfindungssumme, die angeboten wird, ist mehr als lächerlich.

7) Ein deutscher Molkereikonzern

Der Konzern lässt sich in Ostdeutschland eine neue Fabrik für frische Milchprodukte, zu einem Großteil aus Steuergeldern, finanzieren. Nachdem die Fabrik gebaut ist und die Produktion beginnt, erklärt der Konzern, dass eine Überkapazität seiner Produkte auf dem Markt ist und er schließt in Norddeutschland eine ältere Fabrik. Die Mitarbeiter dort werden auf die Straße gesetzt.

8) Ein deutscher Touristik- und Handelskonzern

Der Konzern ist insolvent. Der Insolvenzverwalter erkennt, dass das Management, durch teilweise kriminelle Handlungen und absolutes Unvermögen, den Konzern ruiniert hat. Der Vorstandsvorsitzende verlässt den Konzern und erhält eine Abfindung von 15 Millionen Euro.

9) Eine renommierte deutsche Zeitarbeitsfirma

Mitarbeiter bekommen ihre zustehenden Löhne nur zum Teil oder gar nicht ausgezahlt. Die Zeitarbeitsfirma spekuliert ganz offen damit, dass die Betroffenen keine finanziellen Mittel haben, um ihr Recht einzuklagen.

10) Ein mittleres deutsches Unternehmen

Das Unternehmen meldet Insolvenz an und entlässt alle Mitarbeiter. Nach ca. drei Monaten wird das Unternehmen unter dem Namen der Frau neu gegründet.

11) Ein Kleinbetrieb in Deutschland

Die Mitarbeiter bekommen fünf Euro Stundenlohn, der Chef leistet sich teure Autos und lebt auch sonst auf großem Fuß. Mitarbeiter, die gerechten Lohn für gerechte Arbeit fordern, werden entlassen. Der Chef hält die Mitarbeiter wie Leibeigene, ohne Rechte und Würde.

12) Ein deutscher Autoteile- und Zubehörkonzern

Das Management übt auf die Mitarbeiter einen hohen Druck aus, damit diese das Verkaufsgeschäft erhöhen. Die Mitarbeiter werden zu teilweise kriminellen Handlungen gezwungen. Werden die unrealistischen Absatzziele nicht erreicht, werden die Mitarbeiter entlassen.

13) Ein deutscher Drogeriemarktkonzern

Die Mitarbeiter werden durch Kameras heimlich überwacht, Krankheitsdaten werden planmäßig gespeichert. Erkenntnisse der Kameraüberwachung und Auswertung der Krankheitsdaten werden als Druckmittel benutzt.

14) Ein deutscher Autokonzern

Es wird eine Mitarbeiterbefragung durchgeführt. Nach der Auswertung werden die Themenfelder angesprochen, welche die Mitarbeiter betreffen. Die Führungskräfte betreffenden Themenfelder werden ignoriert.

Die Aussage der Führungskräfte: „Es ist normal, dass Führungskräfte von ihren Mitarbeitern negativ beurteilt werden, wir sehen hier keinen Handlungsbedarf."

15) Ein deutscher Autokonzern

Der Konzernleitung wird die Information übermittelt, dass Führungskräfte in der unteren Führungsebene über keine oder nur sehr schlechte Grundlagen der Personalführung verfügen. Entsprechend sind die Führungsergebnisse, die sich negativ auf den Umsatz auswirken. Die Konzernleitung sieht keinen Handlungsbedarf.

16) Ein deutscher Reifenkonzern

Außenorganisation. Wechsel der Geschäftsleitung. Die erste Handlung ist, dass Mitarbeiter, die sich schon seit Jahren bewähren und eine sehr gute Arbeit abliefern, entlassen werden. Als Begründung werden fadenscheinige Anschuldigungen erhoben. Die Mitarbeiter, die sich dies nicht gefallen lassen, werden massiv gemobbt. Hintergrund dieser Aktion ist, dass die bewährten Mitarbeiter eine verhältnismäßig hohe Gehaltsstruktur haben. Diese soll abgeschafft werden. Die neuen Mitarbeiter, die für die gleiche Tätigkeit eingestellt werden, erhalten erheblich weniger Lohn.

17) Deutsche Unternehmen allgemein

Heute, in einer Zeit, in der viele Menschen arbeitssuchend sind, gehen bei den Unternehmen natürlich auch viele Bewerbungen ein. Da nur eine begrenzte Anzahl von Arbeitsplätzen vorhanden ist, muss dem größten Teil der Bewerber eine Absage erteilt werden. Zu 95 Prozent erfolgen keine Absagen, die Bewerbungen landen im Müll und viele Bewerber warten vergebens auf eine Antwort. Aufgrund von Sparmaßnahmen schicken nur noch sehr wenige Unternehmen den Bewerbern ihre Unterlagen mit einer freundlich formulierten Absage zurück. Gut geführte Unternehmen zeigen damit Respekt und Anstand.

Warum reagieren Unternehmen so? Ist der Druck durch die Wirtschaftskrise auch für die Firmen so hoch, dass diese, selbst aus der Existenzangst heraus, blind für Menschlichkeit werden? Oder sind viele Personen in Leitungsebenen unfähig, eine soziale Kompetenz zu entwickeln oder zu leben?

Kapitel 3: Öffentlicher Dienst

Die Führungskräfte im öffentlichen Dienst haben den Bürgern gegenüber eine hohe Verantwortung. Sie verwalten Steuergelder und Einnahmen aus Gebühren, haben die Bürger in allen Belangen zu unterstützen und sollen dazu beitragen, dass unser Staat so funktioniert, wie es unser Gesellschaftssystem vorsieht.

Es ist eine große Herausforderung, aber auch eine sehr große Verantwortung, die tagtäglich auf die Mitarbeiter des öffentlichen Dienstes zukommt. Gerade deshalb sind die Führungskräfte gefordert, hier Rahmenbedingungen zu schaffen, die es ermöglichen, dass ihre Mitarbeiter den Anforderungen gewachsen sind.

So viel zur Theorie.

In der Praxis sieht es so aus, dass viele Führungskräfte im öffentlichen Dienst nicht über die nötige Qualifikation verfügen, ihre Mitarbeiter den Anforderungen entsprechend zu führen. Hier muss der Agentur für Arbeit und den Jobcentern besondere Bedeutung zugedacht werden. In der heutigen Zeit haben diese Ämter eine besondere Schlüsselposition inne, die für unser Land und für die Menschen, von äußerster Wichtigkeit sind. Leider werden die Agentur für Arbeit und die Jobcenter ihren Aufgaben nur zum Teil gerecht. Gerade im direkten Umgang mit den ihnen anvertrauten Menschen treten Situationen zutage, die teilweise mit den Grundrechten unserer Bundesrepublik nicht konform sind.

Dass die Agentur und die Jobcenter schon seit Langem so gut wie keine Arbeit mehr vermitteln, sondern zu einem großen Teil nur noch die Arbeitslosen verwalten, ist eine Tatsache. Dazu kommen die wirtschaftlichen Gegebenheiten, die die Führungskräfte zu verantworten haben. Dass aber durch Sachbearbeiter - die weder über ausreichende Fachkompetenz noch soziale Kompetenz verfügen, die teilweise sehr herablassend und respektlos agieren und meinen, sie wären der liebe Gott - viele Menschen ins soziale Abseits gedrängt werden und ihnen die letzte Würde geraubt wird, ist ein Skandal. Auch hier tragen die Führungskräfte die volle Verantwortung.

Nachfolgend einige Beispiele, wie Menschen bei der Agentur für Arbeit und in Jobcentern behandelt werden.

1) Ein junger Mann hat wegen beruflicher Veränderung seine Arbeitsstelle gekündigt. Die berufliche Veränderung funktioniert nicht wie geplant, und er meldet sich arbeitslos. Nach einer Sperrfrist von drei Monaten soll er Arbeitslosengeld beziehen. Der junge Mann erkrankt in diesem Zeitraum sehr schwer und muss sich mehreren Operationen unterziehen. Zwei Wochen bevor die Dreimonatsfrist abläuft, erhält er Post von der Agentur für Arbeit. Er soll einen neuen Antrag zur Arbeitslosigkeit stellen, da er wegen seiner Krankheit nicht vermittelbar ist.

Die Einwände des jungen Mannes, dass er nichts für seine Krankheit kann und dringend das Arbeitslosengeld braucht, um seinen Lebensunterhalt zu bestreiten, wird von dem zuständigen Sachbearbeiter mit dem Kommentar abgeschmettert, dass dies nicht seine Sache sei. Bis zur Bewilligung und der ersten Auszahlung des Arbeitslosengeldes vergehen nochmals mehr als drei Monate. Außer einem Überbrückungsgeld von 200 Euro wird der junge Mann seinem Schicksal überlassen.

2) Ein Bezieher von Arbeitslosengeld erkennt, dass die Agentur für Arbeit ihm weniger Geld überwiesen hat, als ihm zusteht. Er erkundigt sich, weshalb dies so sei und bekommt als Antwort, dass er schriftlich zu einem Gesprächstermin eingeladen war und, da er nicht erschienen ist, das Arbeitslosengeld gekürzt wurde. Alle Beteuerungen, dass er das Schreiben nicht erhalten habe, interessieren den Sachbearbeiter nicht. Dieser zieht nicht einmal in Erwägung, den Sachverhalt nochmals zu prüfen. Es ist mehr als auffällig, dass solch eine Vorgehensweise bei vielen Beziehern von Arbeitslosengeld oder Hartz IV vorkommt.

3) Ein Bezieher von Hartz IV erkennt, dass er weniger Geld überwiesen bekommen hat, als ihm zusteht. Er erkundigt sich, weshalb dies so sei und bekommt die gleiche Begründung wie im Beispiel 2. Er erklärt dem Sachbearbeiter den Sachverhalt, nämlich, dass er nie eine schriftliche Einladung erhalten habe und dringend auf das Geld angewiesen ist. Da er eine Familie zu ernähren habe, ist das Fehlen des Geldes für ihn eine Katastrophe. Der Sachbearbeiter macht ihm gegenüber eine abfällige Bemerkung, welche den Mann verständlicherweise erregt, weshalb er lauter wird. Daraufhin holt der Sachbearbeiter den Sicherheitsdienst und lässt den Mann aus dem Jobcenter werfen. Der Sachbearbeiter hinterlegt in der Akte des Mannes, dass dieser als aggressiv einzustufen ist. Dieser Eintrag wird dem Mann bei jedem Gespräch mehr oder weniger vorgeworfen, und die Bearbeitung zukünftiger Ansprüche wird merklich gebremst. Es kann sogar passieren, dass, wenn noch einmal ein ähnliches Verhalten vorkommen sollte, die Hartz IV-Leistungen gekürzt werden.

4) Ein junger Kfz-Mechaniker-Meister meldet sich arbeitslos. Das Erste, was er von seinem Sachbearbeiter gesagt bekommt, ist, dass er zukünftig auch 1-Euro-Jobs annehmen muss, und sollte er das anders sehen, so könne er gleich wieder gehen.

5) Ein junger Mann spielt mit dem Gedanken, sich selbstständig zu machen. Er bekommt von der Agentur für Arbeit einen Termin für ein Beratungsgespräch. Das Gespräch entpuppt sich als vollkommen nutzlos, da der Sachbearbeiter keinerlei Unterlagen zur Verfügung hat, die der junge Mann der Agentur im Vorfeld zukommen ließ. Ein neuer Termin wird vereinbart. Bei diesem Termin werden zwar grundsätzliche Dinge besprochen, aber der eigentliche Beratungstermin wurde neu definiert.

Bei dem nächsten Termin werden spezielle Dinge über die Selbstständigkeit besprochen und er bekommt einige Broschüren mit. Nun wird nochmals ein Termin vereinbart, zu welchem ihm mitgeteilt wird, in welcher finanziellen Form die Agentur ihn unterstützen könnte.

Alles in allem waren die Termine über einen Zeitraum von fast drei Monaten verteilt.

6) Ein älterer Herr stellte einen Antrag auf Bezug von Arbeitslosengeld. Da er keinen Bescheid bekommt, meldet er sich bei der Agentur und erkundigt sich nach der Verzögerung. Als Antwort erhält er die Information, dass seine eingereichten Unterlagen nicht mehr zu finden sind und er einen neuen Antrag stellen soll. Verärgert über solch eine Schlamperei gibt er zur Antwort, dass es wohl jetzt das Problem der Agentur sei, sich um die verschwundenen Unterlagen zu kümmern. Er habe sie schließlich abgegeben. Daraufhin wird ihm abfällig mitgeteilt, dass es sein Problem sei, wenn er keinen neuen Antrag stellt. Im Übrigen wird auch der neue Antrag seine bürokratischen Wege gehen und er kann nicht damit rechnen, dass der neue Antrag schneller bearbeitet werden wird.

7) Die Agentur für Arbeit sucht neue Sachbearbeiter. Unter den Bewerbern ist auch eine junge Frau, die als alleinerziehende Mutter ihren Alltag bewältigt. Sie wird aus allen Bewerbern mit der Begründung ausgesucht, dass sie als Mutter entsprechend belastbar ist. Zur Einarbeitungsphase wird ihr ein Zimmer zur Verfügung gestellt und sie soll sich mit der EDV vertraut machen. Bei Fragen kann sie Kollegen ansprechen. Nach einer gewissen Zeit wird sie als Sachbearbeiterin eingesetzt.

8) Ein junger Mann wünscht ein Beratungsgespräch bei der Agentur für Arbeit. Das Zimmer, in das er bestellt wird, entpuppt sich als eine Art Großraumbüro, in welchem die einzelnen Beratungstische durch Sichtschutzwände voneinander abgegrenzt sind. Akustisch ist in dem Raum alles wahrzunehmen, was an den anderen Tischen gesprochen wird - von Datenschutz keine Spur.

9) Bekommt ein Arbeitssuchender doch einmal Post mit einem Angebot von der Agentur für Arbeit oder dem Jobcenter, passiert es sehr häufig, dass das Angebot nicht dem Profil des Arbeitssuchenden entspricht. Viel häufiger kommt es vor, dass der Arbeitsplatz schon lange vergeben ist.

10) Ein älterer Herr, über 60 Jahre alt, ist an beiden Füßen zehenamputiert. Vom Jobcenter bekommt er die Information, dass er noch bedingt arbeitsfähig sei und sich um Arbeit bemühen müsse. Außerdem wird ihm mitgeteilt, dass sein ihm zustehendes Wohngeld gekürzt werden soll. Die Wohnung, die er und seine Frau bewohnen, sei für beide zu groß. Sie sollen in eine kleinere Wohnung umziehen. Das Jobcenter interessiert nicht, dass die Miete der jetzigen Wohnung sehr günstig ist und das alte Ehepaar keine finanziellen Mittel hat, sich einen erforderlichen Umzug zu leisten.

11) Ein älterer Herr bekommt vom Jobcenter einen 1-Euro-Job zugewiesen. Die Arbeitszeit als Erntehelfer bei einem bäuerlichen Betrieb beginnt morgens um fünf Uhr und endet gegen 19 Uhr. Es interessiert das Jobcenter nicht, ob der ältere Herr die schwere körperliche Arbeit überhaupt bewältigen kann. Ebenso wenig, dass der ältere Herr größere finanzielle Aufwendungen berappen muss, um überhaupt zu diesem Arbeitsplatz zu gelangen.

12) Ein junger Mann ist seit zwei Jahren arbeitslos. Er versucht alles, um an eine Arbeit zu kommen. Obwohl der junge Mann eine schriftliche Zusage hat, dass er eine feste Anstellung als Lkw Fahrer bekommen kann, wenn er im Besitz eines Lkw Führerscheins wäre. Das Jobcenter bezahlt den Führerschein nicht. Der junge Mann wird mit der Zeit depressiv und nimmt die Hilfe eines Psychologen in Anspruch.

Er wird krankgeschrieben. Das Jobcenter bestellt ihn zu einem Gespräch, um zu ermitteln, warum er krankgeschrieben ist. Anwesend sind eine Sachbearbeiterin und eine Ärztin. Der junge Mann wird als arbeitsunwillig hingestellt. Die Sachbearbeiterin und die Ärztin machen durch unqualifizierte Bemerkungen die ganze Besprechung zu einer Farce. Der junge Mann ist nach der Besprechung noch depressiver als zuvor.

13) Ein älterer Herr, um die 55 Jahre alt, hat einen Gesprächstermin bei der Agentur. Sein Sachbearbeiter im Alter von ca. 19 Jahren hält ihm einen Vortrag über seine Pflichten. Er behandelt den älteren Herrn so herablassend, dass dem der Kragen platzt und dieser ihn fragt, was sich der junge Mann eigentlich einbilde, so mit ihm umzugehen. Im Übrigen soll er erst einmal in seinem Leben etwas leisten, bevor er jemandem Vorschriften macht, der über 40 Jahre seinen Mann gestanden und nur durch unglückliche Umstände seine Arbeit verloren hat. Das Ergebnis ist, dass der Sachbearbeiter den älteren Herrn als aggressiv einstuft und dies in dessen Akten vermerkt.

14) Eine alleinerziehende Mutter zweier kleiner Kinder möchte sich weiterqualifizieren. Die Sachbearbeiterin meint, dies könne sie doch später machen, in ein paar Jahren, wenn ihre Kinder im Teenageralter seien. Daraufhin kümmert sich die junge Mutter selbst um einen Lehrgang. Ein paar Jahre später ist sie erfolgreich in einem Unternehmen im Schichtsystem tätig. Ihre Kinder werden in der Dienstzeit der Mutter von der Oma betreut.

In ihrer Heimatstadt sieht das Amt vor, die Bezieher von Sozialleistungen in die dörflichere Gegend umzusiedeln, da die Mieten dort niedriger sind. Auch die Oma ist von dieser Maßnahme betroffen. Die junge Frau geht mit ihrer Mutter zum Amt, um die Umsiedlung der Oma abzuwenden. Die Kinder sind noch zu jung, um in den Schichtzeiten ihrer Mutter allein zuhause zu sein. Die Mitarbeiterin des Amtes zuckt mit den Schultern und sagt, dass die junge Mutter dann doch wieder zu Hause bleiben solle. Arbeitslos. Sie ist empört, der Widerspruch der Großmutter wird abgelehnt. Erst mithilfe einer Parteiengruppe gelingt es, eine Ausnahmeregelung für die betreuende Großmutter der Kinder durchzusetzen. Sie darf im Wohngebiet verbleiben, muss jedoch aus der Nachbarwohnung der jungen Mutter ausziehen, da diese acht Quadratmeter zu groß ist. Somit sind die neun und sieben Jahre alten Kinder räumlich von der Großmutter abgeschnitten.

Kapitel 4 – Das Bankwesen

Dass die Banken Hauptschuld an der schlimmsten Finanzkrise der Nachkriegszeit haben, ist Fakt. Warum es dazu kam, liegt auf der Hand.

Es wurden Gelder in Anlagen auf dem Finanzmarkt investiert, mit dem Wunsch, eine Rendite von bis zu 25 Prozent oder gar mehr zu erzielen, was jedoch mit hohen Risiken verbunden war. Der Umstand, dass mehr Geld im Umlauf war, als erwirtschaftet wurde, würde einen Laien zwar beunruhigen, aber die Banker kümmerten sich nicht darum. Der Zusammenbruch des Immobilienmarktes in den USA kam zwar angeblich unvorbereitet, aber ein umsichtiger Banker hätte die Vorzeichen erkennen müssen, um daraus die richtigen Schlüsse zu ziehen: nämlich die mit einem Risiko behafteten Investitionen zu stoppen. Da dem nicht so war, kamen die Banken in eine finanzielle Schieflage, die sie zum größten Teil nicht aus eigener Kraft bewältigen konnten. Der Staat unterstützte durch das Gesetz zur Finanzmarktstabilisierung die Gründung sogenannter Bad Banks. In die Bad Banks können die Banken ihre risikobehafteten Papiere übertragen und damit werden diese, und die damit verbundene Eigenkapitalbindung, auf die Bad Banks übertragen. Der Staat garantiert dafür mit Schuldverschreibungen. Die Kosten für die Garantien werden durch Steuergelder aufgebracht. Das bedeutet, dass der Steuerzahler für den Mist, den die Bankmanager zu verantworten haben, einsteht. Eine Bad Bank ist eine staatliche Institution, die mit Steuergeldern gedeckelt ist. Mit unseren Steuergeldern, wohlgemerkt.

Durch diese Maßnahme waren die Bilanzen wieder im grünen Bereich. Als Folge sollten nun die Banken in der Lage sein, unserer Wirtschaft die teilweise dringend benötigten Kredite zu gewähren und damit ihren Beitrag dazu leisten, Arbeitsplätze zu erhalten und gegebenenfalls neu zu schaffen. Soweit zur Theorie.

In der Praxis sieht es auch hier anders aus, dazu einige Beispiele:

1) Kaum sehen die Bilanzen der Banken aufgrund der Einführung der Bad Banks gut aus, lassen sich Bankenvorstände zum Teil kräftige Bonuszahlungen zukommen. Proteste seitens Politik und Medien bleiben unbeachtet. Eine durch die Steuereinnahmen wirtschaftlich „gesäuberte" Bank zahlt nun dem Vorstand wegen der schönen bereinigten Bilanzen einen Bonus.

2) Die Vorstände einiger Banken machen ihren Investmentbankern sehr viel Druck, Produkte an Kunden zu verkaufen, die wissentlich mit einem hohen Risiko verbunden sind, der Bank jedoch eine hohe Rendite bringen. Es werden bankintern Ziele vorgegeben. Wer diese Ziele nicht schafft, nicht genügend Zahlen bringt, bekommt Druck von oben, der von oben kommt, der von oben kommt ... Die Filialen stehen unter einem gehörigen Leistungs-, sprich Umsatzdruck. Von der obersten Chefetage werden die Vorgaben erhoben und müssen irgendwie erreicht werden. Bankdaten, Kontostände werden analysiert, Kunden werden geladen und mit „exklusiven Beratungen" geködert. Im Auge haben die Banken zuallererst nicht die finanzielle Sicherheit ihrer Anleger, sondern ihrer eigenen Bonifikationen. Es laufen teilweise Aktionen, in denen Banker eine höhere Ausschüttung auf dieses oder jenes Produkt erhalten, und dann wird wochenlang dieses SUPERTOLLE Angebot an Bankkunden verkauft. Aus Angst um ihren Arbeitsplatz verkaufen die Banker die „schlechten Produkte", wohl wissend, dass Kunden dadurch viel Geld verlieren können.

Hier sticht in erster Linie eine große deutsche Bank hervor. Deren Vorstand hat offensichtlich nichts aus der Vergangenheit gelernt und stellt seine Profitgier über jede Moral. Das Frappierende daran ist der Umstand, dass diese Bank nur durch das staatliche Rettungspaket, welches sie sogar zweimal in Anspruch nehmen musste, vor dem Ruin gerettet wurde.

3) Die Banken vergeben, die von der Wirtschaft dringend benötigten, Kredite nur sehr zögernd. Anstatt ihrer moralischen Verpflichtung nachzukommen, etwas von dem, was sie erhalten haben, an die Gesellschaft zurückzugeben, verweigern sie. Nach wie vor schauen sie erst auf sich und ihren Gewinn, dann auf andere. Soziale Verpflichtungen gegenüber der Gesellschaft kennen sie nicht.

4) Die Bankvorstände, die zu einem großen Teil für die Finanzkrise verantwortlich waren, sind nicht bereit, in irgendeiner Form Verantwortung für ihr teilweise unseriöses Handeln zu übernehmen. Nach wie vor sehen sie ihr Tun als gerechtfertigt an. Von schlechtem Gewissen keine Spur.

Resümee

Liebe Leserin, lieber Leser!

Danke, dass sie sich die Zeit genommen haben, die vorangegangenen Zeilen zu lesen. Vieles wird ihnen aus persönlicher Erfahrung, aus Erzählungen oder aus den Medien bekannt vorkommen. Eines dürfte aber ganz klar ersichtlich sein: Die Beispiele sind nur ein minimaler Ausschnitt dessen, was in unserem Land tagtäglich passiert. Ich hoffe natürlich, dass, wenn sie bis jetzt von diesen unerfreulichen Dingen verschont wurden, sie sich zumindest ein kleines Bild von den Dingen machen können, was einem passieren kann.

Fakt ist, dass sehr viele Bürger kaum eine Möglichkeit haben, ihr Recht zu bekommen, obwohl wir in einem Rechtsstaat leben. Besonders betroffen davon sind die älteren und sozial schwachen Bevölkerungsschichten. Aufgrund des teilweise verantwortungslosen, aber vor allen Dingen unsittlichen Verhaltens von Führungskräften in der Wirtschaft und den Ämtern ist zunehmend auch die Mittelschicht davon betroffen. Dieser bricht durch Arbeitsplatzverlust ihre Existenzgrundlage weg, und häufig nur deshalb, weil unsere Führungsschicht meist straffrei tun und lassen kann, was sie will. Jeder Arbeitsplatzverlust ist in der Regel mit einem sozialen Abstieg gleichzusetzen.

Bezüglich der einzelnen Beispiele muss erwähnt werden, dass ein Großteil des Fehlverhaltens natürlich nicht von den Führungskräften direkt begangen wird, sondern von deren Mitarbeitern. Aber Führungskräfte, die Ahnung von ihrer Arbeit haben, üben durch den richtigen Führungsstil einen enormen Einfluss darauf aus, mit welcher Qualität ihre Mitarbeiter ihren Job machen. Wenn man die Praxis sieht, und dass, liebe Leserinnen und Leser, erleben sie in ihrem Arbeitsalltag oder auch in ihrer Freizeit sehr oft, so fragt man sich verwundert, wie es kommt, dass solche „Pfeifen" Führungspositionen innehaben können.

Es ist eine Tatsache, dass ein Teil unsere Führungskräfte, egal ob in der Politik oder in der Wirtschaft, zu einem großen Teil nicht das leisten, wofür sie bezahlt werden. Sie sind einfach nicht qualifiziert genug, um ihren Job entsprechend auszuüben.

Hier kommt immer wieder die Politik ins Spiel. Nur sie kann Rahmenbedingungen schaffen, die ein System ermöglichen, welches eine bessere Qualifikation der Führungskräfte gewährleisten kann. Als Nebeneffekt wäre zu erwähnen, dass unsere Volkswirtschaft durch bessere Führungskräfte erheblich wettbewerbsfähiger wäre, was im Umkehrschluss zu mehr Arbeitsplätzen führen kann. Wenn unsere Volkswirtschaft mit den schlechten Führungskräften im internationalen Wettbewerb zu einem großen Teil sehr gut dasteht, wo würde sie stehen, wenn sie entsprechend gut qualifizierte Führungskräfte hätte????? Ich behaupte, dass unsere Volkswirtschaft und damit alle Menschen in unserem Land erheblich davon profitieren würden.

Zum Schluss möchte ich noch einmal die Politiker erwähnen. Ich hoffe natürlich, dass viele von ihnen dieses Buch lesen und sich Gedanken machen. Sie sind leider viel zu weit von ihren Wählern entfernt und verlieren deshalb das Gefühl für das, was in unserem Land passiert. Genauso sollten sie ihre soziale Kompetenz erweitern. Dies wäre wichtig beim Umgang innerhalb der Parteienhierarchie, für das Erkennen der eigenen Fähigkeiten und bei der Selbsteinschätzung. Nur mit der offenen und ehrlichen Selbsterkenntnis seiner eigenen Fähigkeiten kann erreicht werden, Schwachpunkte zu beseitigen und damit eine erheblich bessere Arbeit zu leisten. Ihre Wähler würden ihnen dankbar sein. Im Übrigen würden sie natürlich selbst, einschließlich ihrer Partei, davon profitieren. Aber den größten Nutzen einer positiven Veränderung in unserem Land hätten die Bürger. Stolz und Würde denjenigen Menschen zurückzugeben, denen dies genommen wurde, wäre eine wunderbare Leistung.

Neue, sichere Arbeitsplätze mit vernünftigen Löhnen wären der Garant dafür, dass sich unsere Gesellschaftsstruktur festigen würde. Und für alle Bürger, einschließlich der Jugendlichen, wäre eine positive Zukunftsperspektive gegeben. Dafür sollte keine Mühe zu groß sein.

Heinz Szarka

Lesen Sie mehr bei DeBehr:

Humorvolles und Ernstes aus Politik und Gesellschaft:

Depri, Lust und wahre Liebe

Das Sexualleben
einer ostdeutschen Frau
von Silka von Dennewitz
ISBN: 978-3981275193

Sie gehört einer statistischen Minderheit an: Eine kinderreiche, glücklich verheirate Akademikerin erzählt von ihrem turbulenten Liebesleben und wie sie sich sonst so durchbeißt.
Die wahrscheinlich erotischste Gesellschaftskritik aller Zeiten!

Komm rein,

es ist noch Platz im Arsch!

Das Jahrhundert der Arschkriecher,
Speichellecker und Wasserträger:
Eine satirische Betrachtung der
gesellschaftlichen Fehlentwicklung
von D. E. R. Stichler
ISBN: 978-3941758186

ARSCHKRIECHER - es gab sie zu jeder Zeit und wird sie wohl immer geben. Doch wie oft in unserem Jahrhundert Buckler, Speichellecker, Fahrradfahrer und dergleichen anzutreffen sind, sprengt wohl jeden gesellschaftlich-historischen Rahmen. Das Hauptaugenmerk dieses Buches liegt auf dem Erfolg solcher Zeitgenossen. Und so zeigt D.E.R. Stichler gekonnt auf, wie man ein erfolgreicher Kriecher und Schleimer wird.

Wir sägen an unserem Ast

Über Geldverbrennung, Klimawandel, Demokratieverlust
und die Notwendigkeit zum Umsteuern
von Dietrich Papsch
ISBN: 978-3941758001

Die gegenwärtige Weltwirtschaftskrise, hervorgerufen durch eine entfesselte Ökonomie des Westens, ist das existenzgefährdende Problem der Gegenwart. Sie bringt ein wachsendes Gefälle bei Einkommen und Vermögen mit sich, die Folgen sind Armut und Hunger. Die Energiekrise auf Grund des zur Neige gehendes Öls und ein gefährlicher weltweiter Klimawandel stellen unser Dasein grundsätzlich in Frage.
Dies führt zu Kriegen, Demokratieabbau und fehlender Gerechtigkeit.
Wir haben als mündige Bürger und Verbraucher Fähigkeit und Vermögen, etwas gegen diese Risiken zu unternehmen.
"Wollen wir uns und unseren Nachkommen nicht den Ast absägen, auf dem wir als zeitweilige Bewohner dieser Erde sitzen, brauchen wir zur Bewältigung der Wirtschafts- , Sozial- ,Klima- und Energiekrise einen völlig neuen Ansatz."
Diesen Ansatz gibt es, er steht in diesem Buch und ist für jedermann praktikabel.

Dietrich Papsch, Jahrgang 1938, stammt aus Schmalkalden in Thüringen und lebt im Altenberger Ortsteil Schellerhau im Osterzgebirge. Seit den Wendejahren engagiert er sich in der Umweltbewegung und setzt sich überdies für soziale Gerechtigkeit, die Besteuerung von Devisen und gegen die Privatisierung von Grundbedürfnissen, wie etwa Wasser, Gesundheit und öffentliche Verkehrsmittel ein.
Der Autor ist Vorsitzender des "Energie-Tisch Altenberg e.V.", Attac-Mitglied sowie Mitglied der Grünen Liga Ostergebirge e.V. Außerdem ist er im Vorstand des Kreisverbandes Dippoldiswalde des Deutschen Kinderschutzbundes e.V. tätig.